Luftfritteus  n

2021

Das letzte Air Fryer Kochbuch. Köstliche, gesunde und leckere Rezepte für zwei Personen, um schnell Gewicht zu verlieren, Bluthochdruck zu stoppen und den Cholesterinspiegel zu senken.

Ursula Mayert

Inhaltsverzeichnis

Das folgende Buch wird im Folgenden mit dem Ziel wiedergegeben, möglichst genaue und zuverlässige Informationen zu liefern. Unabhängig davon kann der Kauf dieses Buches als Zustimmung zu der Tatsache gesehen werden, dass sowohl der Herausgeber als auch der Autor dieses Buches in keiner Weise Experten für die darin besprochenen Themen sind und dass jegliche Empfehlungen oder Vorschläge, die hier gemacht werden, nur zu Unterhaltungszwecken dienen. Vor der Durchführung von Maßnahmen, die in diesem Buch empfohlen werden, sollten bei Bedarf Fachleute konsultiert werden.

Diese Erklärung wird sowohl von der American Bar Association als auch vom Committee of Publishers Association als fair und gültig angesehen und ist in den gesamten Vereinigten Staaten rechtsverbindlich.

Darüber hinaus wird die Übertragung, Vervielfältigung oder Reproduktion eines der folgenden Werke, einschließlich bestimmter Informationen, als illegale Handlung angesehen, unabhängig davon, ob sie elektronisch oder in gedruckter Form erfolgt. Dies gilt auch für die Erstellung einer Zweit- oder Drittkopie des Werkes oder einer aufgezeichneten Kopie und ist nur mit ausdrücklicher schriftlicher Genehmigung des Verlages erlaubt. Alle weiteren Rechte vorbehalten.

Die Informationen auf den folgenden Seiten werden im Großen und Ganzen als wahrheitsgemäße und genaue Darstellung von Tatsachen betrachtet, und als solche liegen alle daraus resultierenden Handlungen ausschließlich in der Verantwortung des Lesers, wenn er die Informationen nicht beachtet, verwendet oder missbraucht. Es gibt keine Szenarien, in denen der Herausgeber oder der ursprüngliche Autor dieses Werkes in irgendeiner Weise für Härten oder Schäden haftbar gemacht werden kann, die ihnen nach der Aufnahme der hier beschriebenen Informationen entstehen könnten.

Darüber hinaus dienen die Angaben auf den folgenden Seiten ausschließlich Informationszwecken und sind daher als allgemeingültig zu betrachten. Sie werden ihrer Natur entsprechend ohne Gewähr für ihre dauerhafte Gültigkeit oder Zwischenqualität präsentiert. Die Erwähnung von Warenzeichen erfolgt ohne schriftliche Zustimmung und kann in keiner Weise als Zustimmung des Warenzeicheninhabers gewertet werden.

Einführung

Eine Luftfritteuse ist ein relativ neues Küchengerät, das sich bei den Verbrauchern als sehr beliebt erwiesen hat. Obwohl es viele verschiedene Varianten gibt, haben die meisten Luftfritteusen viele gemeinsame Merkmale. Sie haben alle Heizelemente, die heiße Luft zum Garen der Speisen zirkulieren lassen. Die meisten verfügen über vorprogrammierte Einstellungen, die den Benutzer bei der Zubereitung einer Vielzahl von Speisen unterstützen.
Das Frittieren an der Luft ist eine gesündere Art des Kochens, da es weniger Öl als die traditionellen Frittiermethoden verwendet. Während der Geschmack und die Qualität der Lebensmittel erhalten bleiben, wird die Menge des beim Kochen verwendeten Fetts reduziert. Das Frittieren an der Luft ist eine gängige Methode zum "Braten" von Lebensmitteln, die hauptsächlich aus Eiern und Mehl bestehen. Diese Lebensmittel können mit dieser Methode je nach Vorliebe weich oder knusprig sein.
So funktionieren Luftfritteusen

Luftfritteusen verwenden ein Gebläse, um heiße Luft um die Lebensmittel zu zirkulieren. Die heiße Luft erwärmt die Feuchtigkeit auf den Lebensmitteln, bis sie verdampft und Dampf entsteht. Wenn sich der Dampf um das Gargut herum aufbaut, entsteht ein Druck, der die Feuchtigkeit von der Oberfläche des Garguts abzieht und von der Mitte wegdrückt, wodurch kleine Blasen entstehen. Durch die Bläschen entsteht eine Luftschicht, die das Gargut umgibt und eine knusprige Kruste erzeugt.

Auswahl einer Heißluftfritteuse

Suchen Sie bei der Auswahl einer Heißluftfritteuse nach einer, die gute Bewertungen zur Kundenzufriedenheit hat. Beginnen Sie mit den Funktionen, die Sie benötigen, wie z. B. Leistung, Kapazitätsgröße und Zubehör. Suchen Sie nach einem Gerät, das einfach zu bedienen ist. Einige Luftfritteusen auf dem Markt haben einen eingebauten Timer und eine einstellbare Temperatur. Suchen Sie nach einem Gerät mit einem Trichter zum Auffangen von Fett, einem spülmaschinenfesten Korb und leicht zu reinigenden Teilen.

Wie man eine Heißluftfritteuse benutzt

Um beste Ergebnisse zu erzielen, heizen Sie die Luftfritteuse 10 Minuten lang auf 400 F vor. Durch das Vorheizen der Luftfritteuse erreicht diese schneller die richtige Temperatur. Außerdem ist das Vorheizen der Heißluftfritteuse wichtig, um sicherzustellen, dass Ihr Essen nicht anbrennt.

Wie man Sachen in einer Luftfritteuse zubereitet

Wenn Sie noch keine Heißluftfritteuse haben, können Sie mit Ihren Öfen spielen, indem Sie ein paar tiefgefrorene Pommes frites hineinwerfen und sie garen, bis sie gleichmäßig gebräunt sind. Je nach Ofen sollten Sie einen Blick auf die Temperatur werfen. Möglicherweise müssen Sie die Zeit erhöhen oder verringern.

Welche Lebensmittel können Sie in einer Heißluftfritteuse zubereiten?

Eier: Sie können zwar Eier in einer Heißluftfritteuse kochen, aber wir raten davon ab, da Sie die Garzeit und Temperatur nicht so genau kontrollieren können wie bei einer traditionellen Bratpfanne oder Pfanne. Es ist viel einfacher, ungleichmäßig gekochte Eier zu bekommen. Außerdem können Sie keine Saucen oder Gewürze hinzugeben und Sie erhalten keine knusprigen, goldbraunen Ränder.

Gefrorene Lebensmittel: Im Allgemeinen werden gefrorene Lebensmittel am besten im herkömmlichen Ofen gegart, da sie eine bestimmte Temperatur erreichen müssen, um richtig gegart zu werden. Die Luftfritteuse ist nicht in der Lage, Temperaturen zu erreichen, die dazu führen, dass die Lebensmittel vollständig gegart werden.

Dehydrierte Lebensmittel: Dehydrierte Lebensmittel müssen frittiert werden, was Sie mit einer Heißluftfritteuse nicht tun können. Wenn es um das Garen von dehydrierten Lebensmitteln geht, ist die Heißluftfritteuse nicht die beste Option.

Gemüse: Sie können Gemüse in einer Heißluftfritteuse garen, aber Sie müssen darauf achten, dass die Heißluftfritteuse nicht auf eine Temperatur eingestellt ist, bei der das Gemüse verbrennt.

Um sicherzustellen, dass Ihr Gemüse nicht verkocht, starten Sie die Fritteuse mit ausgeschaltetem Korb und werfen Sie das Gemüse ein, sobald sich die Luft erwärmt hat und keine kalten Stellen mehr vorhanden sind.

Achten Sie darauf, das Gemüse alle paar Minuten umzurühren. Das Garen im Korb ist auch eine Option, aber es kann ein wenig zusammenkleben.

Pommes frites: Das Frittieren von Pommes frites in einer Luftfritteuse ist eine gute Möglichkeit, knusprige, goldbraune Pommes frites zu erhalten, ohne viel Öl hinzuzufügen. Im Vergleich zum herkömmlichen Frittieren liefert das Luftfritieren weniger Kalorien.

Um Pommes frites in einer Heißluftfritteuse zu garen, verwenden Sie einen Korb oder ein Gestell und gießen Sie so viel Öl ein, dass die Pommes frites etwa bis zur Hälfte der Höhe reichen. Die besten Ergebnisse erzielen Sie, wenn die Pommes frites gefroren sind. Schalten Sie die Luftfritteuse auf 400 Grad und stellen Sie sie auf 12 Minuten ein. Wenn Sie die Pommes besonders knusprig haben möchten, können Sie sie auf 18 Minuten einstellen, aber sie könnten dann etwas anbrennen.

Vorteile einer Luftfritteuse:

- Es ist eine der einfachsten Möglichkeiten, gesunde Lebensmittel zu kochen. Wenn Sie ihn 4-5 Mal pro Woche verwenden, ist er eine gesündere Option als das Braten mit Öl in Ihrem herkömmlichen Ofen oder die Verwendung von Konserven.
- Gerichte aus der Heißluftfritteuse sind eine einfache Möglichkeit, schmackhaftes Essen zu servieren, das nicht viel Platz einnimmt. In der Heißluftfritteuse können Sie dreimal so viel Essen zubereiten wie in Ihrer Mikrowelle.
- Luftfritteusen haben eine kleine Stellfläche und Sie können sie in einem Schrank verstauen, wenn sie nicht in Gebrauch sind.

-Sie sind vielseitige Küchengeräte. Sie können sie zum Kochen von Speisen zum Mittag- und Abendessen sowie für Snacks verwenden.

- Luftfritteusen erfordern wenig bis gar keine Aufregung in der Küche. Sie können sie mit aufgesetztem Deckel verwenden, was bedeutet, dass weniger Abwasch anfällt.

Glasierte Schweineschulter

Zubereitungszeit: 15 Minuten

Kochzeit: 20 Minuten

Portionen: 5

Zutaten:

- 1/3 Tasse Sojasauce
- Esslöffel brauner Zucker
- 1 Esslöffel Ahornsirup
- Pfund Schweineschulter, in 1½-Zoll-dicke Scheiben geschnitten

Wegbeschreibung:

1. Mischen Sie in einer großen Schüssel die Sojasauce, den braunen Zucker und den Ahornsirup.
2. Die Schweineschulter hinzufügen und großzügig mit der Marinade bestreichen.
3. Abdecken und im Kühlschrank ca. 4-6 Stunden marinieren.
4. Legen Sie die Schweineschulter in einen gefetteten Fritteusenkorb.
5. Ordnen Sie den Luftfrittierkorb in der Mitte des Instant Omni Plus Toaster Oven an.
6. Drücken Sie "Air Fry" und stellen Sie dann die Temperatur auf 355 Grad F ein.

7. Stellen Sie den Timer für 10 Minuten ein und drücken Sie "Start".
8. Wenn das Display "Turn Food" anzeigt, tun Sie nichts.
9. Nach 10 Minuten stellen Sie die Temperatur für 8 Minuten auf 390 Grad F ein.
10. Wenn die Garzeit beendet ist, nehmen Sie den Korb der Luftfritteuse aus dem Toaster.
11. Legen Sie die Schweineschulter für ca. 10 Minuten auf ein Schneidebrett, bevor Sie sie in Scheiben schneiden.
12. Schneiden Sie das Filet mit einem scharfen Messer in Scheiben der gewünschten Größe und servieren Sie es.

Ernährung:

Kalorien 563

Fett gesamt 38,8 g

Gesättigtes Fett 14,3 g

Cholesterin 163 mg

Natrium 1000 mg

Kohlenhydrate gesamt 7,5 g

Faser 0,1 g

Zucker 6,2 g

Eiweiß 43,3 g

Einfache Schweinelende

Zubereitungszeit: 10 Minuten

Kochzeit: 30 Minuten

Portionen: 6

Zutaten:

- Pfund Schweinelende
- Esslöffel Olivenöl, geteilt
- Salz und gemahlener schwarzer Pfeffer, je nach Bedarf

Wegbeschreibung:

1 Legen Sie ein Drahtgitter in einen gefetteten Fritteusenkorb.

2. Die Schweinelende mit Öl bestreichen und dann mit Salz und schwarzem Pfeffer einreiben.
3. Legen Sie die Schweinelende in die vorbereitete Backform.
4. Legen Sie den Korb der Luftfritteuse in den Boden des Instant Omni Plus Toaster Ofens.
5. Stellen Sie die Backform über die Auffangschale.
6. Wählen Sie "Backen" und stellen Sie dann die Temperatur auf 350 Grad F ein.
7. Stellen Sie den Timer für 30 Minuten ein und drücken Sie "Start".
8. Wenn die Garzeit beendet ist, nehmen Sie den Frittierkorb aus dem Toaster-Ofen.
9. Legen Sie das Schweinerückenstück auf ein Schneidebrett.
10. Decken Sie den Schweinerücken vor dem Aufschneiden mit einem Stück Folie für ca. 10 Minuten ab.
11. Schneiden Sie die Schweinelende mit einem Messer in Scheiben der gewünschten Größe und servieren Sie sie.

Ernährung:

Kalorien 406

Fett gesamt 25,7 g

Gesättigtes Fett 8,6 g

Cholesterin 121 mg

Natrium 121 mg

Eiweiß 41,3 g

Kohlenhydrate gesamt 12,5 g

Faser 0,6 g

Zucker 11,6 g

Eiweiß 39,7 g

Schweinefilet im Speckmantel

Zubereitungszeit: 15 Minuten

Kochzeit: 30 Minuten

Portionen: 4

Zutaten:

- 1 (1½ Pfund) Schweinefilet
- Esslöffel Dijon-Senf
- 1 Esslöffel Honig
- Speckstreifen

Wegbeschreibung:

1. Bestreichen Sie das Filet mit Senf und Honig.
2. Umwickeln Sie das Schweinefilet mit Speckstreifen.
3. Legen Sie die Schweinelende in einen gefetteten Fritteusenkorb.
4. Ordnen Sie den Luftfrittierkorb in der Mitte des Instant Omni Plus Toaster Oven an.
5. Drücken Sie "Air Fry" und stellen Sie dann die Temperatur auf 360 Grad F ein.
6. Stellen Sie den Timer für 30 Minuten ein und drücken Sie "Start".
7. Wenn das Display "Turn Food" anzeigt, drehen Sie das Schweinefilet um.
8. Wenn die Garzeit beendet ist, nehmen Sie den Korb der Luftfritteuse aus dem Toaster.

9. Legen Sie die Schweinelende vor dem Aufschneiden für ca. 10 Minuten auf ein Schneidebrett.
10. Schneiden Sie das Filet mit einem scharfen Messer in Scheiben der gewünschten Größe und servieren Sie es.

Ernährung:

Kalorien 386

Fett gesamt 16,1 g

Gesättigtes Fett 5,7 g

Cholesterin 164 mg

Natrium 273 mg

Kohlenhydrate gesamt 4,8 g

Faser 0,3 g

Zucker 4,4 g

Eiweiß 52,6 g

Cholesterin 15 mg

Natrium 798 mg

Kohlenhydrate gesamt 20,3 g

Faser 2,6 g

Zucker 1,7 g

Eiweiß 43,9 g

Pikantes Huhn mit Zwiebel

Zubereitungszeit: 5 Minuten

Kochzeit: 20 Minuten

Portionen: 4

Zutaten:

1. Hühnerbrüste, gewürfelt
2. 1 ½ Tasse Zwiebelsuppenmischung
3. 1 Tasse Pilzsuppe
4. ½ Tasse Schlagsahne

Wegbeschreibung

- Heizen Sie Ihren Cuisinart-Ofen auf 400 F auf der Funktion "Backen" vor. Geben Sie Pilze, Zwiebelmischung und Sahne in eine Pfanne. Erhitzen Sie sie 1 Minute lang bei niedriger Hitze. Gießen Sie die warme Mischung über das Hähnchen und lassen Sie es 25 Minuten ziehen. Das marinierte Hähnchen in den Korb legen und in das Backblech einpassen; 15 Minuten lang garen. Servieren und genießen!

Ernährung:

Kalorien 246;

Fett 11,3g;

Kohlenhydrate 4,3 g;

Eiweiß 31g;

Gebutterter knuspriger Truthahn

Zubereitungszeit: 5 Minuten

Kochzeit: 20 Minuten

Portionen: 4

Zutaten:

1. 1 Pfund Putenbrust, halbiert
2. Tassen Panko-Paniermehl
3. Salz und schwarzer Pfeffer nach Geschmack
4. ½ Teelöffel Cayennepfeffer

5 1 Stück Butter, geschmolzen

Wegbeschreibung

- Vermengen Sie in einer Schüssel Semmelbrösel, Salz, Cayennepfeffer und schwarzen Paprika. Die Putenbrust mit der Butter bestreichen und mit der Paniermehlmischung bestreuen. Geben Sie sie in eine ausgekleidete Auflaufform. Garen Sie die Putenbrust in Ihrem Cuisinart 15 Minuten lang bei 390 F. Servieren Sie sie warm.

Ernährung:

Kalorien 282;

Fett 12,4g;

Kohlenhydrate 3,4 g;

Eiweiß 36,2 g;

Chinesische Hähnchenflügel Rezept

Zubereitungszeit: 2 Stunden und 5 Minuten

Kochzeit: 10 Minuten

Portionen: 4

Zutaten:

- Hähnchenflügel
- 3 Esslöffel Limettensaft
- 2 Esslöffel Sojasauce
- 2 Esslöffel Honig
- Salz und schwarzer Pfeffer nach Geschmack.

Wegbeschreibung:

- In einer Schüssel Honig mit Sojasauce, Salz, Schwarz und Limettensaft mischen, gut verquirlen, Hähnchenteile hinzufügen, durchschwenken und 2 Stunden im Kühlschrank aufbewahren.
- Geben Sie das Hähnchen in die Fritteuse und garen Sie es bei 370 °F für 6 Minuten auf jeder Seite, erhöhen Sie die Hitze auf 400 °F und garen Sie es für weitere 3 Minuten. Heiß servieren.

Ernährung:

Kalorien: 372;

Fett: 9g;

Faser: 10g;

Kohlenhydrate: 37g;

Eiweiß: 24g

Rezept für Huhn und Spargel

Zubereitungszeit: 5 Minuten

Kochzeit: 25 Minuten

Portionen: 4

Zutaten:

1. Spargelstangen
2. Hähnchenflügel, halbiert.
3. 1 Esslöffel Rosmarin, gehackt.
4. 1 Teelöffel Kreuzkümmel, gemahlen.
5. Salz und schwarzer Pfeffer nach Geschmack.

Wegbeschreibung:

- Hähnchenflügel trocken tupfen, mit Salz, Pfeffer, Kreuzkümmel und Rosmarin würzen, in den Korb der Heißluftfritteuse legen und bei 360 °F 20 Minuten garen
- In der Zwischenzeit eine Pfanne bei mittlerer Hitze erhitzen, Spargel hinzufügen, mit Wasser bedecken und einige Minuten dünsten; in eine mit Eiswasser gefüllte Schüssel geben, abtropfen lassen und auf Tellern anrichten. Hähnchenflügel an der Seite hinzufügen und servieren.

Ernährung:

Kalorien: 270;

Fett: 8g;

Ballaststoffe: 12g;

Kohlenhydrate: 24g;

Eiweiß: 22g

Rezept für Honig-Entenbrüste.

Zubereitungszeit: 5 Minuten

Kochzeit: 30 Minuten

Portionen: 2

Zutaten:

- 1 geräucherte Entenbrust, halbiert.
- ein Esslöffel Senf
- ein Teelöffel Tomatenmark
- ½ Teelöffel Apfelessig
- ein Teelöffel Honig

Wegbeschreibung:

- In einer Schüssel Honig mit Tomatenmark, Senf und Essig verrühren, gut verquirlen, Entenbruststücke hinzufügen, gut durchschwenken, in die Fritteuse geben und bei 370 °F 15 Minuten lang garen
- Entenbrust aus der Fritteuse nehmen, zur Honigmischung geben, erneut schwenken, zurück in die Fritteuse geben und bei 370 °F weitere 6 Minuten garen. Auf Tellern verteilen und mit a Salatbeilage servieren.

Ernährung:

Kalorien: 274;

Fett: 11g;

Ballaststoffe: 13g;

Kohlenhydrate: 22g;

Eiweiß: 13g

Kokosnuss-Creme-Huhn

Zubereitungszeit: 2 Stunden

Kochzeit: 25 Minuten

Portionen: 4

Zutaten:

1. große Hühnerbeine
2. 4 Esslöffel Kokosnusscreme
3. 2 Esslöffel Ingwer, gerieben
4. 5 Esslöffel Kurkumapulver

5 Salz und schwarzer Pfeffer nach Geschmack.

Wegbeschreibung:

- In a Schüssel Sahne mit Kurkuma, Ingwer, Salz und Pfeffer verrühren, verquirlen, Hähnchenteile hinzufügen, gut durchschwenken und 2 Stunden beiseite stellen.
- Geben Sie das Hähnchen in die vorgeheizte Fritteuse und garen Sie es bei 370 °F für 25 Minuten; verteilen Sie es auf Tellern und servieren Sie es mit a Salatbeilage

Ernährung:

Kalorien: 300;

Fett: 4g;

Ballaststoffe: 12g;

Kohlenhydrate: 22g;

Eiweiß: 20g

Zitronenhähnchen

Zubereitungszeit: 5 Minuten

Kochzeit: 30 Minuten

Portionen: 6

Zutaten:

1. 1 ganzes Huhn; in mittlere Stücke geschnitten
2. Schale von 2 Zitronen, gerieben.
3. Saft von 2 Zitronen
4. ein Esslöffel Olivenöl
5. Salz und schwarzer Pfeffer nach Geschmack.

Wegbeschreibung:

- Hähnchen salzen, pfeffern, mit Öl und Zitronenschale einreiben, mit Zitronensaft beträufeln, in die Heißluftfritteuse geben und bei 350 °F 30 Minuten lang garen; die Hähnchenteile nach der Hälfte der Zeit wenden. Auf Tellern verteilen und mit a Salat servieren.

Ernährung:

Kalorien: 334;

Fett: 24g;

Ballaststoffe: 12g;

Kohlenhydrate: 26g;

Eiweiß: 20g

Mit Buttermilch mariniertes Huhn

Zubereitungszeit: 10 Minuten

Kochzeit: 25 Minuten

Portionieren: 6

Inhaltsstoffe

1. 3-lb. ganzes Huhn
2. 1 Esslöffel Salz
3. 1 Pint Buttermilch

Wegbeschreibung:

- Legen Sie das ganze Huhn in eine große Schüssel und träufeln Sie Salz darüber.
- Gießen Sie die Buttermilch darüber und lassen Sie das Huhn über Nacht einweichen.
- Decken Sie die Hähnchenschale ab und stellen Sie sie über Nacht in den Kühlschrank.
- Nehmen Sie das Hähnchen aus der Marinade und fixieren Sie es auf dem Rotisserie-Stab im Air-Fryer-Ofen.
- Drehen Sie den Regler, um den Modus "Air Roast" auszuwählen.

- Drücken Sie die Taste Time und stellen Sie die Garzeit erneut mit dem Drehknopf auf 25 Minuten ein.
- Drücken Sie nun die Temp-Taste und drehen Sie das Rad, um die Temperatur auf 370 Grad F einzustellen.
- Schließen Sie den Deckel und lassen Sie das Huhn braten.
- Warm servieren.

Ernährung:

Kalorien 284

Fett gesamt 7,9 g

Gesättigtes Fett 1,4 g

Cholesterin 36 mg

Natrium 704 mg

Kohlenhydrate gesamt 46 g

Faser 3,6 g

Zucker 5,5 g

Eiweiß 17,9 g

Gebratene Ente

Zubereitungszeit: 10 Minuten

Kochzeit: 3 Stunden

Portionieren: 12

Inhaltsstoffe

1. lb. ganze Pekin-Ente
2. Knoblauchzehen gehackt
3. Zitronen; 1geschnitten; 1 entsaftet
4. 1/2 Tasse Balsamico-Essig
5. 1/4 Tasse Honig

Wegbeschreibung:

- Legen Sie die Pekin-Ente in ein Backblech und geben Sie Knoblauch, Zitrone und Salz darauf.
- Verquirlen Sie Honig, Essig und Honig in einer Schüssel.
- Diese Glasur großzügig über die Ente streichen. Über Nacht im Kühlschrank marinieren.
- Nehmen Sie die Ente aus der Marinade und fixieren Sie sie auf dem Rotisserie-Stab im Air-Fryer-Ofen.
- Drehen Sie den Regler, um den Modus "Air Roast" auszuwählen.
- Drücken Sie die Taste Time und stellen Sie die Garzeit erneut mit dem Drehknopf auf 3 Stunden ein.

- Drücken Sie nun die Temp-Taste und drehen Sie das Rad, um die Temperatur auf 350 Grad F einzustellen.
- Schließen Sie den Deckel und lassen Sie die Ente braten.
- Warm servieren.

Ernährung:

Kalorien 387

Fett gesamt 6 g

Gesättigtes Fett 9,9 g

Cholesterin 41 mg

Natrium 154 mg

Kohlenhydrate gesamt 37,4 g

Faser 2,9 g

Zucker 15,3 g

Eiweiß 14,6 g

Gebratene Putenbrust

Zubereitungszeit: 10 Minuten

Kochzeit: 50 Minuten

Portionieren: 6

Inhaltsstoffe

1. lb. Putenbrust ohne Knochen
2. ¼ Tasse Mayonnaise
3. Teelöffel Geflügelgewürz
4. Salz und schwarzer Pfeffer
5. ½ Teelöffel Knoblauchpulver

Wegbeschreibung:

- Verquirlen Sie alle Zutaten, einschließlich der Pute, in einer Schüssel und beschichten Sie sie gut.
- Legen Sie die entbeinte Putenbrust in den Korb der Heißluftfritteuse.
- Drehen Sie das Rad, um den Modus "Airfry" auszuwählen.
- Drücken Sie die Taste Time und stellen Sie die Garzeit erneut mit dem Drehknopf auf 50 Minuten ein.
- Drücken Sie nun die Temp-Taste und drehen Sie das Rad, um die Temperatur auf 350 Grad F einzustellen.
- Nach dem Vorheizen stellen Sie den Korb der Luftfritteuse in den Ninja-Ofen und schließen den Deckel zum Backen.
- In Scheiben schneiden und servieren.

Ernährung:

Kalorien 322

Fett gesamt 11,8 g

Gesättigtes Fett 2,2 g

Cholesterin 56 mg

Natrium 321 mg

Kohlenhydrate gesamt 14,6 g

Ballaststoffe 4,4 g

Zucker 8 g

Eiweiß 17,3 g

Zitrone-Pfeffer-Pute

Zubereitungszeit: 10 Minuten

Kochzeit: 45 Minuten

Portionieren: 6

Inhaltsstoffe

1. lbs. Putenbrust
2. Esslöffel Öl
3. 1 Esslöffel Worcestershire-Sauce
4. 1 Teelöffel Zitronenpfeffer
5. 1/2 Teelöffel Salz

Wegbeschreibung:

- Verquirlen Sie alles in einer Schüssel und bestreichen Sie den Truthahn großzügig damit.
- Legen Sie den Truthahn in den Korb der Heißluftfritteuse.
- Drücken Sie die "Power-Taste" des Air Fry-Ofens und drehen Sie das Rad, um den Modus "Air Fry" auszuwählen.
- Drücken Sie die Taste Time und drehen Sie erneut den Drehknopf, um die Garzeit auf 45 Minuten einzustellen.
- Drücken Sie nun die Temp-Taste und drehen Sie das Rad, um die Temperatur auf 375 Grad F einzustellen.

- Legen Sie nach dem Vorheizen den Korb der Luftfritteuse hinein und schließen Sie den Deckel.
- Warm servieren.

Ernährung:

Kalorien 391

Fett gesamt 2,8 g

Gesättigtes Fett 0,6 g

Cholesterin 330 mg

Natrium 62 mg

Kohlenhydrate gesamt 36,5 g

Faser 9,2 g

Zucker 4,5 g

Eiweiß 6,6

Ahorn-Hähnchenschenkel

Zubereitungszeit: 10 Minuten

Kochzeit: 30 Minuten

Portionieren: 4

Inhaltsstoffe

1. große Hähnchenschenkel, nicht entbeint
2. Esslöffel französischer Senf
3. Esslöffel Dijon-Senf
4. 1 gehackte Knoblauchzehe
5. Esslöffel Ahornsirup

Wegbeschreibung:

- Mischen Sie das Hähnchen mit allem in einer Schüssel und beschichten Sie es gut.
- Legen Sie das Hähnchen zusammen mit der Marinade in die Backform.
- Drücken Sie die "Power-Taste" des Air Fry Oven und drehen Sie das Rad, um den Modus "Bake" auszuwählen.
- Drücken Sie die Taste Time und drehen Sie erneut den Drehknopf, um die Garzeit auf 30 Minuten einzustellen.
- Drücken Sie nun die Temp-Taste und drehen Sie das Rad, um die Temperatur auf 370 Grad F einzustellen.
- Sobald der Ofen vorgeheizt ist, stellen Sie die Backform hinein und schließen den Deckel.
- Warm servieren.

Ernährung:

Kalorien 301

Fett gesamt 15,8 g

Gesättigtes Fett 2,7 g

Cholesterin 75 mg

Natrium 189 mg

Kohlenhydrate gesamt 31,7 g

Faser 0,3 g

Zucker 0,1 g

Eiweiß 28,2 g

Italienischer Hühnerauflauf

Zubereitungszeit: 10 Minuten

Kochzeit: 25 Minuten

Portionieren: 6

Zutaten:

1. ¾ lbs. Hühnerbrüste
2. Esslöffel Pesto-Sauce
3. ½ (14 oz) Dose Tomaten, gewürfelt
4. 1 Tasse Mozzarella-Käse, zerkleinert
5. Esslöffel frisches Basilikum, gehackt

Wegbeschreibung:

- Legen Sie die flachgedrückten Hähnchenbrüste in eine Backform und bestreichen Sie sie mit Pesto.
- Geben Sie Tomaten, Käse und Basilikum auf jedes Hähnchenstück.
- Drücken Sie die "Power-Taste" des Air Fry Oven und drehen Sie das Rad, um den Modus "Bake" auszuwählen.
- Drücken Sie die Taste Time und drehen Sie erneut den Drehknopf, um die Garzeit auf 25 Minuten einzustellen.
- Drücken Sie nun die Temp-Taste und drehen Sie das Rad, um die Temperatur auf 355 Grad F einzustellen.

- Sobald der Ofen vorgeheizt ist, stellen Sie die Auflaufform hinein und schließen den Deckel.
- Warm servieren.

Ernährung:

Kalorien 537

Fett gesamt 19,8 g

Gesättigtes Fett 1,4 g

Cholesterin 10 mg

Natrium 719 mg

Kohlenhydrate gesamt 25,1 g

Faser 0,9 g

Zucker 1,4 g

Eiweiß 37,8 g

Pesto-Huhn-Auflauf

Zubereitungszeit: 10 Minuten

Zubereitungszeit: 35 Minuten

Portionieren: 3

Inhaltsstoffe

1. Hühnerbrüste
2. 1 (6 oz.) Glas Basilikum-Pesto
3. mittlere frische Tomaten, in Scheiben geschnitten
4. Mozzarella-Käsescheiben

Wegbeschreibung:

- Verteilen Sie die Tomatenscheiben in einer Auflaufform und belegen Sie sie mit Hähnchenfleisch.
- Pesto und Käse auf das Hähnchen geben und gleichmäßig verteilen.
- Drücken Sie die "Power-Taste" des Air Fry-Ofens und drehen Sie das Rad, um den Modus "Air Fry" auszuwählen.
- Drücken Sie die Taste Time und drehen Sie erneut den Drehknopf, um die Garzeit auf 30 Minuten einzustellen.
- Drücken Sie nun die Temp-Taste und drehen Sie das Rad, um die Temperatur auf 350 Grad F einzustellen.
- Nach dem Vorheizen stellen Sie die Auflaufform hinein und schließen den Deckel.

- Nach dem Backen schalten Sie den Ofen auf den Broil-Modus und grillen 5 Minuten lang.
- Warm servieren.

Ernährung:

Kalorien 452

Fett gesamt 4 g

Gesättigtes Fett 2 g

Cholesterin 65 mg

Natrium 220 mg

Kohlenhydrate gesamt 23,1 g

Faser 0,3 g

Zucker 1 g

Eiweiß 26g

Zitronen-Knoblauch-Huhn

Zubereitungszeit: 15 Minuten

Kochzeit: 40 Minuten

Portionen: 4

Zutaten:

1. Hähnchenbrustfilets
2. 1 Esslöffel Zitronensaft
3. 1 Esslöffel geschmolzene Butter
4. 1 Teelöffel Knoblauchpulver
5. Salz und Pfeffer nach Geschmack

Wegbeschreibung:

- Mischen Sie Zitronensaft und geschmolzene Butter in einer Schüssel.
- Bestreichen Sie beide Seiten des Hähnchens mit dieser Mischung.
- Mit Knoblauchpulver, Salz und Pfeffer würzen.
- Setzen Sie den Grillrost in Ihren Ninja Foodi Grill ein.
- Legen Sie das Hähnchen auf den Grill.
- Schließen Sie die Haube.
- Grillen Sie bei 350 Grad F für 15 bis 20 Minuten pro Seite.

Ernährung:

Kalorien: 553 kcal

Eiweiß: 62,46 g

Fett: 31,26 g

Kohlenhydrate: 1.89 g

Gegrilltes Ranch-Huhn

Zubereitungszeit: 30 Minuten

Kochzeit: 30 Minuten

Portionen: 6

Zutaten:

1. Hähnchenschenkelfilets
2. Esslöffel Ranch-Dressing
3. Knoblauchsalz und Pfeffer

Wegbeschreibung:

- Bestreichen Sie beide Seiten des Hähnchens mit Ranch-Dressing.
- Mit Knoblauchsalz und Pfeffer bestreuen.
- Stellen Sie Ihren Ninja Foodi Grill auf Grillen ein.
- Heizen Sie ihn auf Medium vor.
- Hähnchen auf den Grillrost legen.
- 15 Minuten pro Seite garen.

Ernährung:

Kalorien: 475 kcal

Eiweiß: 33,16 g

Fett: 36.43 g

Kohlenhydrate: 1.66 g

Hähnchenbrust-Pita-Sandwiches

Zubereitungszeit: 20 Minuten

Kochzeit: 10 Minuten

Portionen: 4

Zutaten:

1. entbeinte, hautlose Hähnchenbrüste, in 1-Zoll-Würfel geschnitten
2. Pitataschen, halbiert
3. 1 rote Paprika, in Scheiben geschnitten
4. 1 kleine rote Zwiebel, in Scheiben geschnitten
5. 1/3 Tasse italienisches Salatdressing
6. 1/2 Teelöffel getrockneter Thymian
7. 1 Tasse Kirschtomaten, gehackt
8. Tassen Buttersalat, in Scheiben reißen
9. Kochspray

Wegbeschreibung:

- Legen Sie das Hähnchen, die Paprika und die Zwiebel in den Korb der Fritteuse. Mit 1 Esslöffel italienischem Salatdressing und Thymian beträufeln. Mit Kochspray besprühen.

- Setzen Sie den Deckel der Luftfritteuse auf und backen Sie das Huhn in der vorgeheizten Luftfritteuse bei 375 °F für 9 bis 11 Minuten. Schütteln Sie den Korb einmal, wenn auf dem Bildschirm des Luftfritteusen-Deckels nach der Hälfte der Garzeit "TURN FOOD" angezeigt wird, oder bis das Huhn durchgebraten ist.
- Geben Sie das Hähnchen in eine Schüssel und gießen Sie das restliche Salatdressing hinein. Kombinieren Sie gut.
- Um die Sandwiches zusammenzustellen, beginnen Sie mit den Pitahälften, fügen dann die Buttersalatscheiben und die Kirschtomaten hinzu. Sofort servieren.

Ernährung:

Kalorien: 1493

Fett gesamt: 146.77g

Gesättigtes Fett: 75.456g

Kohlenhydrate gesamt: 36.38g

Faser: 3,7g

Eiweiß: 46.36g

Zucker: 9,78 g

Natrium: 1611mg

Putenfleischbällchen asiatischer Art

Zubereitungszeit: 24 Minuten

Kochzeit: 13 Minuten

Portionen: 4

Zutaten:

1. 1 Pfund gemahlener Truthahn
2. 1 kleine Zwiebel, gehackt
3. Esslöffel Erdnussöl
4. ¼ Tasse Wasserkastanien, fein gehackt
5. Esslöffel natriumarme Sojasauce
6. ½ Teelöffel gemahlener Ingwer
7. ¼ Tasse Panko-Brotkrumen
8. 1 Ei, verquirlt

Wegbeschreibung:

- Geben Sie die Zwiebel und das Erdnussöl in eine 6×6×2-Zoll-Backform. Gut umrühren.
- Stellen Sie die Pfanne in die Heißluftfritteuse und setzen Sie den Deckel der Heißluftfritteuse auf. Garen Sie die Zwiebel in der vorgeheizten Heißluftfritteuse bei 375 °F 1 bis 2 Minuten lang, oder bis sie weich und glasig ist. Geben Sie die gegarten Zwiebeln in eine große Schüssel.

- Fügen Sie die Wasserkastanien, Sojasauce, gemahlenen Ingwer und Semmelbrösel zu den Zwiebeln hinzu. Das geschlagene Ei einrühren und gut verquirlen, dann den Truthahn hinzugeben. Schwenken Sie, bis alles gut vermischt ist.
- Schöpfen Sie die Masse auf Ihrem Schneidebrett aus und formen Sie sie zu 1-Zoll-Frikadellen.
- Die Fleischbällchen in der Pfanne anrichten und mit dem Öl beträufeln.
- Setzen Sie die Pfanne in die Heißluftfritteuse und setzen Sie den Deckel der Heißluftfritteuse auf. Backen Sie die Fleischbällchen schubweise bei 400°F für 10 bis 12 Minuten, oder bis sie durchgebraten sind.
- Nehmen Sie die Fleischbällchen aus der Pfanne auf einen Teller. Lassen Sie sie vor dem Servieren 3 Minuten abkühlen.

Ernährung:

Kalorien: 683

Fett gesamt: 33.29g

Gesättigtes Fett: 15.591g

Kohlenhydrate gesamt: 3.23g

Faser: 0,6g

Eiweiß: 24.77g

Zucker: 1.17g

Natrium: 342mg

Cholesterin: 271mg

Süßes und pikantes Hühnerfrikassee

Zubereitungszeit: 15 Minuten

Kochzeit: 15 Minuten

Portionen: 4

Zutaten:

1. ¾ Pfund knochenlose, hautlose Hähnchenschenkel, in 1-Zoll-Stücke geschnitten
2. 1 kleine rote Zwiebel, in Scheiben geschnitten
3. 1 gelbe Paprika, in 1½-Zoll-Stücke geschnitten
4. ¼ Tasse Hühnerbrühe
5. 1 Esslöffel Olivenöl
6. bis 3 Teelöffel Currypulver
7. Esslöffel Honig

8 ¼ Tasse Orangensaft

9 1 Esslöffel Speisestärke

Wegbeschreibung:

- Legen Sie die rote Zwiebel, die Hähnchenschenkel und die Paprika in den Korb der Fritteuse und beträufeln Sie sie mit Olivenöl.
- Setzen Sie den Deckel der Luftfritteuse auf und garen Sie die Hähnchenschenkel in der vorgeheizten Luftfritteuse bei 37 °C 12 bis 14 Minuten lang. Wenden Sie die Hähnchenschenkel, wenn auf dem Bildschirm des Deckels nach der Hälfte der Garzeit "TURN FOOD" angezeigt wird, oder bis das Hähnchen 1650 F erreicht hat.
- Geben Sie das Hähnchen und das Gemüse in eine 6-Zoll-Metallschüssel. Geben Sie die Hühnerbrühe, das Currypulver, den Honig, den Orangensaft und die Speisestärke in die Schüssel. Gut verrühren.
- Stellen Sie die Metallschüssel in den Korb und setzen Sie den Deckel der Fritteuse auf. Garen Sie weitere 3 Minuten.
- Nehmen Sie die Schale aus dem Korb. Lassen Sie sie vor dem Servieren 3 Minuten abkühlen.

Ernährung:

Kalorien: 746

Fett gesamt: 22.98g

Gesättigtes Fett: 16.852g

Kohlenhydrate gesamt: 25.2g

Faser: 2.1g

Eiweiß: 12.61g

Zucker: 14.48g

Natrium: 471mg

Knuspriges Hähnchen Parmigiana

Zubereitungszeit: 15 Minuten

Kochzeit: 15 Minuten

Portionen: 4

Zutaten:

1. (4 Unzen) entbeinte, hautlose Hähnchenbrüste
2. ½ Tasse geriebener Parmesankäse
3. 1 Tasse italienische Brotkrumen
4. Teelöffel italienisches Gewürz
5. Salz und Pfeffer nach Geschmack
6. Eiklar
7. ¾ Tasse Marinara-Sauce
8. ½ Tasse geschredderter Mozzarella-Käse
9. Kochspray

Wegbeschreibung:

- Klopfen Sie das Hähnchen auf einer flachen Arbeitsfläche in ¼-Zoll-Stücke.
- Mischen Sie in einer großen Schüssel die Semmelbrösel, den Parmesankäse, die italienischen Gewürze, Salz und Pfeffer zusammen. Rühren Sie, bis alles gut vermischt ist. Geben Sie das Eiweiß in eine andere Schüssel. Beiseite stellen.
- Sprühen Sie den Fritteusenkorb mit Kochspray ein.

- Die Hähnchenschnitzel in Eiweiß und dann in der Paniermehlmischung panieren.
- Legen Sie die panierten Schnitzel in den Korb der Fritteuse und besprühen Sie sie mit Kochspray.
- Setzen Sie den Deckel der Luftfritteuse auf und garen Sie sie in der vorgeheizten Luftfritteuse bei 375°F für 7 Minuten.
- Geben Sie die gebratenen Hähnchenschnitzel auf eine Servierplatte.
- Mit der Marinara-Sauce beträufeln und mit Mozzarella-Käse bestreuen. Weitere 3 Minuten kochen, bis der Käse sprudelt.
- 3 Minuten abkühlen lassen und servieren.

Ernährung:

Kalorien: 944

Fett gesamt: 70g

Gesättigtes Fett: 3g

Cholesterin: 46mg

Natrium: 593mg

Kohlenhydrate: 220g

Ballaststoffe: 1g,

Eiweiß: 105g

Hähnchen-Fajitas mit Avocados

Zubereitungszeit: 15 Minuten

Kochzeit: 10 Minuten

Portionen: 4

Zutaten:

1. Hähnchenbrüste ohne Knochen, ohne Haut, in Scheiben geschnitten
2. Avocados, geschält und gewürfelt
3. 1 kleine rote Zwiebel, in Scheiben geschnitten
4. rote Paprikaschoten, in Scheiben geschnitten
5. ½ Tasse würziges Ranch-Salatdressing
6. ½ Teelöffel getrockneter Oregano
7. Mais-Tortillas
8. Tassen zerrissener Kopfsalat

Wegbeschreibung:

- Geben Sie die Zwiebel, das Hähnchen und die Paprika in den Fritteusenkorb. Mit 1 Esslöffel Salatdressing beträufeln und mit dem Oregano bestreuen.
- Setzen Sie den Deckel der Luftfritteuse auf und grillen Sie das Huhn in der vorgeheizten Luftfritteuse bei 375 °F für 10 bis 14 Minuten. Wenden Sie das Hähnchen, wenn auf dem Bildschirm des Deckels nach der Hälfte der Garzeit "TURN FOOD" angezeigt wird, oder bis das Hähnchen gebräunt und leicht verkohlt ist.
- Nehmen Sie das Gemüse und das Hähnchen aus dem Korb auf eine Servierplatte. Beträufeln Sie das restliche Salatdressing.
- Warm servieren.

Ernährung:

Kalorien: 887,

Fett gesamt: 34.25g

Gesättigtes Fett: 22.931g

Kohlenhydrate gesamt: 14.29g

Faser: 7.3g

Eiweiß: 22.2g

Zucker: 4,2 g

Natrium: 2841mg

Brathähnchen mit Buttermilch

Zubereitungszeit: 15 Minuten

Kochzeit: 15 Minuten

Portionen: 4

Zutaten:

1. Hähnchenteile: Keulen, Brüste und Oberschenkel
2. 1/3 Tasse Buttermilch
3. 1 Tasse Mehl
4. Teelöffel Paprika
5. Eier, verquirlt
6. 1½ Tassen Brotkrümel
7. Esslöffel Olivenöl
8. Frisch gemahlener schwarzer Pfeffer und Salz nach Geschmack

Wegbeschreibung:

- Trocknen Sie das Hähnchen auf Ihrem Schneidebrett mit Papiertüchern gründlich ab. Mischen Sie in einer flachen Schüssel das Mehl, Paprika, Salz und Pfeffer.
- Verquirlen Sie in einer anderen Schüssel die Eier und die Buttermilch, bis sie gut miteinander verbunden sind.
- Vermengen Sie in einer dritten Schüssel die Semmelbrösel mit dem Olivenöl.

- Tauchen Sie das Hähnchen in die Mehlmischung, dann in die Eier und schließlich in die Paniermehlmischung. Drücken Sie die Krümel sanft, aber fest auf die Haut der Hähnchenteile, um sie vollständig zu bedecken.
- Legen Sie das panierte Hähnchen in den Korb der Heißluftfritteuse. Setzen Sie den Deckel der Fritteuse auf und garen Sie das Hähnchen 15 Minuten lang in der vorgeheizten Fritteuse bei 37 °C. Wenden Sie das Hähnchen, wenn auf dem Bildschirm des Deckels nach der Hälfte der Garzeit "TURN FOOD" angezeigt wird.
- Geben Sie das Huhn auf eine Servierplatte. Lassen Sie es vor dem Servieren 5 Minuten abkühlen.

Ernährung:

Kalorien: 651

Fett gesamt: 22.34g

Gesättigtes Fett: 13.684g

Kohlenhydrate gesamt: 27.54g

Faser: 2.2g

Eiweiß: 14.38g

Zucker: 6.14g

Natrium: 1257mg

Hähnchen-Nuggets mit Panko-Kruste

Zubereitungszeit: 15 Minuten

Kochzeit: 15 Minuten

Portionen: 4

Zutaten:

1. 1 Pfund entbeinte, hautlose Hähnchenbrüste
2. Hähnchengewürz oder Rub
3. Salz und Pfeffer nach Geschmack
4. Eier
5. Esslöffel Semmelbrösel
6. Esslöffel Panko-Brotkrumen
7. Kochspray

Wegbeschreibung:

- Schneiden Sie die Hähnchenbrust auf Ihrem Schneidebrett in 1-Zoll-Koteletts.
- Mischen Sie in einer großen Schüssel die Hähnchenschnitzel, das Hähnchengewürz, Salz und Pfeffer. Schwenken Sie sie, bis sie vollständig bedeckt sind. Beiseite stellen.
- Verquirlen Sie in einer anderen Schüssel die Eier. In einer dritten Schüssel die Semmelbrösel mit Panko kombinieren.

- Die Hähnchenschnitzel in den verquirlten Eiern und dann in den Semmelbröseln wenden, um sie gut zu panieren.
- Legen Sie die panierten Hähnchenschnitzel in den Korb der Fritteuse und besprühen Sie sie mit Kochspray.
- Setzen Sie den Deckel der Luftfritteuse auf und garen Sie die Speisen schubweise in der vorgeheizten Luftfritteuse bei 400 °F für 4 Minuten. Schütteln Sie den Luftfritierkorb, wenn der Bildschirm des Deckels während der Garzeit "TURN FOOD" anzeigt, und garen Sie weitere 4 Minuten.
- Geben Sie die gegarten Hähnchenschnitzel in eine Servierschüssel. 3 Minuten abkühlen lassen und servieren.

Ernährung:

Kalorien: 508

Fett gesamt: 24g

Gesättigtes Fett: 1g

Cholesterin: 147mg

Natrium: 267mg

Kohlenhydrate: 67g

Faser: 1g

Eiweiß: 24g

Hähnchentender in Kruste

Zubereitungszeit: 27 Minuten

Kochzeit: 12 Minuten

Portionen: 4

Zutaten:

1. Hähnchentender
2. ½ Tasse Allzweckmehl
3. 1 Ei
4. ½ Tasse trockene Brotkrümel
5. Esslöffel Pflanzenöl

Wegbeschreibung:

- Geben Sie das Mehl in eine Schüssel. Beiseite stellen.

- Verquirlen Sie in einer zweiten Schüssel das Ei. Beiseite stellen.
- Mischen Sie in einer dritten Schüssel die Semmelbrösel und das Öl zusammen. Beiseite stellen.
- Bestreuen Sie die Hähnchenkeulen mit Mehl, dann mit dem verquirlten Ei und schließlich mit der Krümelmischung, um sie gut zu beschichten.
- Legen Sie die Tender in den Korb der Luftfritteuse. Setzen Sie den Luftfritierdeckel auf und garen Sie die Tender in der vorgeheizten Luftfritteuse bei 350°F etwa 12 Minuten oder bis sie leicht gebräunt sind.
- Nehmen Sie die Hähnchenteile aus dem Korb und servieren Sie sie auf einer Platte.

Ernährung:

Kalorien: 253

Fett gesamt: 11.4g

Kohlenhydrate: 9.8g

Eiweiß: 26,2g

Cholesterin: 109mg

Natrium: 171mg

Huhn mit griechischer Joghurt-Büffel-Sauce

Zubereitungszeit: 36 Minuten

Kochzeit: 15 Minuten

Portionen: 4

Zutaten:

1. 1 Pfund Hähnchenbrust ohne Haut und Knochen, in 1-Zoll-Streifen geschnitten
2. ½ Tasse einfacher fettfreier griechischer Joghurt
3. 1 Tasse Panko-Brotkrumen
4. 1 Esslöffel süßer Paprika
5. 1 Esslöffel Cayennepfeffer
6. 1 Esslöffel Knoblauch Pfeffer
7. ¼ Tasse Ei-Ersatz
8. 1 Esslöffel scharfe Sauce
9. 1 Teelöffel scharfe Sauce

Wegbeschreibung:

- Mischen Sie in einer Schüssel die Semmelbrösel, süßes Paprikapulver, Cayennepfeffer und Knoblauchpfeffer. Beiseite stellen.
- Verquirlen Sie in einer zweiten Schüssel den griechischen Joghurt, den Ei-Ersatz und 1 Esslöffel plus 1 Teelöffel scharfe Sauce.

- Tauchen Sie die Hähnchenstreifen in die Büffelsoße und bestreichen Sie sie dann mit der Paniermehlmischung.
- Legen Sie die gut beschichteten Hähnchenstreifen in den Korb der Luftfritteuse. Setzen Sie den Deckel auf und garen Sie die Hähnchenstreifen in der vorgeheizten Fritteuse bei 400°F für 15 Minuten oder bis sie gut gebräunt sind. Wenden Sie die Streifen, wenn das Display des Deckels nach der Hälfte der Zeit "TURN FOOD" anzeigt.
- Nehmen Sie das Hähnchen aus dem Korb und servieren Sie es auf einem Teller.

Ernährung:

Kalorien: 234,

Fett: 4.6g,

Kohlenhydrate: 22.1g

Eiweiß: 31,2g

Cholesterin: 65mg

Natrium: 696mg

Gebackene Hähnchen-Fajita-Roll-Ups

Zubereitungszeit: 35 Minuten

Kochzeit: 12 Minuten

Portionen: 4

Zutaten:

1. (4 Unzen) entbeinte, hautlose Hähnchenbrüste
2. Saft von ½ Limette
3. Esslöffel Fajita-Gewürz
4. ½ rote Paprika, in Streifen geschnitten
5. ½ grüne Paprika, in Streifen geschnitten
6. ¼ Zwiebel, in Scheiben geschnitten
7. Kochspray
8. Zahnstocher, mindestens 30 Minuten eingeweicht

Wegbeschreibung:

- Schneiden Sie das Hähnchen auf einer flachen Arbeitsfläche vorsichtig mit einem Schmetterling oder Stampfer in ¼-Zoll-Schnitzel.
- Zitronensaft über die Schnitzel träufeln und mit Fajita-Gewürz nach Geschmack würzen. Gut durchschwenken.
- Für die Hähnchen-Roll-Ups verteilen Sie die Paprikastreifen und Zwiebelscheiben gleichmäßig auf jedem Hähnchenschnitzel. Rollen Sie jedes Schnitzel zu einem festen Zylinder und befestigen Sie es mit einem Zahnstocher in der Mitte.

- Legen Sie 4 Hähnchen-Roll-ups in den Korb der Fritteuse. Besprühen Sie sie mit Kochspray.
- Setzen Sie den Deckel der Luftfritteuse auf und garen Sie sie in der vorgeheizten Luftfritteuse bei 400°F für 12 Minuten.
- Auf eine Servierplatte übertragen und vor dem Servieren 5 Minuten abkühlen lassen.

Ernährung:

Kalorien: 770

Fett gesamt: 65g

Gesättigtes Fett: 0g

Cholesterin: 32mg

Natrium: 302mg

Kohlenhydrate: 212g

Faser: 0g

Eiweiß: 94g

Knuspriges Huhn und Kartoffeln

Zubereitungszeit: 15 Minuten

Kochzeit: 15 Minuten

Portionen: 4

Zutaten:

1. 1 ganzes Hähnchen aus der Hähnchenbratpfanne (2½ bis 3 Pfund)
2. bis 16 Rahmkartoffeln, geschrubbt
3. Knoblauchzehen, geschält
4. Esslöffel Olivenöl
5. ½ Teelöffel Knoblauchsalz
6. 1 Scheibe Zitrone
7. ½ Teelöffel getrockneter Thymian

8 ½ Teelöffel getrockneter Majoran

Wegbeschreibung:

- Spülen Sie das Hähnchen ab und tupfen Sie es mit Papiertüchern trocken.
- Vermengen Sie in einer kleinen Schüssel 1 Esslöffel Olivenöl und Salz. Reiben Sie die Hälfte der Olivenmischung gleichmäßig auf alle Seiten des Hähnchens. Füllen Sie die Zitronenscheibe und die Knoblauchzehen in das Innere des Hähnchens. Streuen Sie den Thymian und Majoran darüber.
- Legen Sie das Hähnchen in den Korb der Luftfritteuse und verteilen Sie die geschrubbten Kartoffeln. Beträufeln Sie die restliche Olivenölmischung darüber.
- Setzen Sie den Deckel der Fritteuse auf und braten Sie das Hähnchen in der vorgeheizten Fritteuse bei 25 Minuten oder bis ein Fleischthermometer (in die Mitte der dicksten Stelle des Hähnchens gesteckt) 165° F anzeigt. Wenn das Hähnchen nicht vollständig durchgegart ist, legen Sie es zurück in den Korb und braten Sie es weitere 5 Minuten.
- Geben Sie das Huhn und die Kartoffeln auf einen Teller. Lassen Sie sie vor dem Servieren 5 Minuten ruhen.

Ernährung:

Kalorien: 1523

Fett gesamt: 22.77g

Gesättigtes Fett: 14.11g

Kohlenhydrate gesamt: 24.16g

Faser: 1,5g

Eiweiß: 13.35g

Zucker: 0,24g

Natrium: 1013mg

Hähnchenschenkel mit Zitronenknoblauch

Zubereitungszeit: 15 Minuten

Kochzeit: 20 Minuten

Portionen: 4

Zutaten:

1. Hähnchenschenkel mit Haut und Knochen
2. Zitronenspalten
3. ¼ Tasse Zitronensaft
4. Knoblauchzehen, gehackt
5. Esslöffel Olivenöl
6. 1 Teelöffel Dijon-Senf

7 ¼ Teelöffel Salz

8 ⅛ Teelöffel gemahlener schwarzer Pfeffer

Wegbeschreibung:

- Mischen Sie den Zitronensaft, Dijon-Senf, Olivenöl, Knoblauch, Salz und Pfeffer in einer Schüssel. Eine Stunde lang im Kühlschrank marinieren lassen.
- Geben Sie die Hähnchenschenkel in einen Zip-Lock-Beutel, gießen Sie die Marinade über das gesamte Hähnchen und verschließen Sie den Beutel. Mindestens 2 Stunden in den Kühlschrank stellen.
- Nehmen Sie das Hähnchen aus dem Beutel. Tupfen Sie es mit Papiertüchern trocken. Legen Sie sie in den Korb der Heißluftfritteuse.
- Setzen Sie den Deckel der Luftfritteuse auf und garen Sie sie schubweise in der vorgeheizten Luftfritteuse bei 350°F für 15 bis 18 Minuten oder bis sie durchgegart sind.
- Geben Sie die Hähnchenschenkel auf eine Platte. Drücken Sie vor dem Servieren die Zitronenspalten darüber.

Ernährung:

Kalorien: 258,

Fett gesamt: 18,6 g,

Cholesterin: 71mg,

Kohlenhydrate: 3.6g,

Natrium: 242mg,

Eiweiß: 19,4g

Zitronenhähnchen mit Barbecue-Soße

Zubereitungszeit: 10 Minuten

Kochzeit: 12 Minuten

Portionen: 4

Zutaten:

1. Hähnchenschenkel ohne Knochen und ohne Haut
2. Esslöffel Zitronensaft
3. ¼ Tasse Barbecue-Sauce, glutenfrei
4. Knoblauchzehen, gehackt

Wegbeschreibung:

- Mischen Sie in einer mittelgroßen Schüssel das Hähnchen, die Nelken, die Barbecue-Sauce und den Zitronensaft. Stellen Sie es 10 Minuten lang zum Marinieren beiseite.
- Geben Sie die marinierten Hähnchenschenkel in den Korb der Heißluftfritteuse und schütteln Sie überschüssige Soße ab. Möglicherweise müssen Sie in Chargen arbeiten, um eine Überfüllung zu vermeiden.

- Setzen Sie den Deckel der Fritteuse auf und grillen Sie die Hähnchenschenkel in der vorgeheizten Fritteuse bei 375°F für 12 Minuten. Drehen Sie die Hähnchenschenkel um, wenn auf dem Bildschirm des Deckels nach der Hälfte der Garzeit "TURN FOOD" angezeigt wird, oder bis das Hähnchen mit einem in die Mitte des Hähnchens gesteckten Fleischthermometer mindestens 165°F erreicht.
- Auf eine Platte übertragen und mit den restlichen Hähnchenschenkeln wiederholen. Warm servieren.

Ernährung:

Kalorien: 113

Fett gesamt: 12.31g

Gesättigtes Fett: 8.531g

Kohlenhydrate gesamt: 27g

Faser: 0,2g

Eiweiß: 6.61g

Zucker: 2.874g

Natrium: 803mg

Huhn Popcorn

Zubereitungszeit: 10 Minuten

Kochzeit: 10 Minuten

Portionen: 6

Zutaten:

1. Eier
2. 1 1/2 Pfund Hähnchenbrust, in kleine Stücke geschnitten
3. 1 Teelöffel Paprika
4. 1/2 Teelöffel Knoblauchpulver
5. 1 Teelöffel Zwiebelpulver
6. 1/2 Tasse Schweineschwarte, zerkleinert
7. 1/4 Tasse Kokosnussmehl
8. Pfeffer
9. Salz

Wegbeschreibung:

- Mischen Sie in einer kleinen Schüssel Kokosnussmehl, Pfeffer und Salz.
- Verquirlen Sie in einer anderen Schüssel die Eier, bis sie sich verbinden.
- Nehmen Sie eine weitere Schüssel und mischen Sie Schweinefleischpanko, Paprika, Knoblauchpulver und Zwiebelpulver zusammen.

- Geben Sie die Hähnchenteile in eine große Rührschüssel. Kokosnussmehlmischung über das Hähnchen streuen und gut durchschwenken.
- Hähnchenteile in die Eiermischung tauchen und mit der Schweinefleisch-Panko-Mischung bestreichen und auf einen Teller legen.
- Sprühen Sie den Korb der Fritteuse mit Kochspray ein.
- Heizen Sie die Luftfritteuse auf 400 f vor.
- Die Hälfte des vorbereiteten Hähnchens in den Korb der Fritteuse geben und 10-12 Minuten garen. Schütteln Sie den Korb nach der Hälfte der Zeit.
- Garen Sie die andere Hälfte auf die gleiche Weise.
- Servieren und genießen.

Ernährung:

Kalorien 265

Fett 11 g

Kohlenhydrate 3 g

Zucker 0,5 g

Eiweiß 35 g

Cholesterin 195 mg

Schnell & einfach Fleischbällchen

Zubereitungszeit: 10 Minuten

Kochzeit: 10 Minuten

Portionen: 4

Zutaten:

1. 1 lb. Huhn gemahlen
2. 1 Ei, leicht verquirlt
3. 1/2 Tasse Mozzarella-Käse, zerkleinert
4. 1 1/2 Esslöffel Taco-Gewürz

5. Knoblauchzehen, gehackt
6. Esslöffel frische Petersilie, gehackt
7. 1 kleine Zwiebel, gehackt
8. Pfeffer
9. Salz

Wegbeschreibung:

- Geben Sie alle Zutaten in die große Rührschüssel und mischen Sie sie, bis sie gut miteinander verbunden sind.
- Aus der Mischung kleine Bällchen formen und in den Fritteusenkorb legen.
- Garen Sie die Frikadellen 10 Minuten lang bei 400 f.
- Servieren und genießen.

Ernährung:

Kalorien 253

Fett 10 g

Kohlenhydrate 2 g

Zucker 0,9 g

Eiweiß 35 g

Cholesterin 144 mg

Zitronen-Pfeffer-Hähnchenflügel

Zubereitungszeit: 10 Minuten

Kochzeit: 16 Minuten

Portionen: 4

Zutaten:

1. 1 lb. Hähnchenflügel
2. 1 Teelöffel Zitronenpfeffer
3. 1 Esslöffel Olivenöl
4. 1 Teelöffel Salz

Wegbeschreibung:

- Geben Sie die Hähnchenflügel in den großen Mixtopf.
- Geben Sie die restlichen Zutaten über das Hähnchen und schwenken Sie es gut, um es zu überziehen.

- Legen Sie die Hähnchenflügel in den Korb der Luftfritteuse.
- Garen Sie die Hähnchenflügel 8 Minuten lang bei 400 f.
- Hähnchenflügel auf die andere Seite drehen und weitere 8 Minuten garen.
- Servieren und genießen.

Ernährung:

Kalorien 247

Fett 11 g

Kohlenhydrate 0,3 g

Zucker 0 g

Eiweiß 32 g

Cholesterin 101 mg

Bbq Hähnchenflügel

Zubereitungszeit: 10 Minuten

Kochzeit: 20 Minuten

Portionen: 4

Zutaten:

1. 1 1/2 lbs. Hähnchenflügel
2. Esslöffel ungesüßte BBQ-Sauce
3. 1 Teelöffel Paprika
4. 1 Esslöffel Olivenöl
5. 1 Teelöffel Knoblauchpulver
6. Pfeffer
7. Salz

Wegbeschreibung:

- Schwenken Sie die Hähnchenflügel in einer großen Schüssel mit Knoblauchpulver, Öl, Paprika, Pfeffer und Salz.
- Heizen Sie die Heißluftfritteuse auf 360 f vor.
- Hähnchenflügel in den Korb der Fritteuse geben und 12 Minuten lang garen.
- Hähnchenflügel auf die andere Seite drehen und weitere 5 Minuten garen.

- Nehmen Sie die Hähnchenflügel aus der Fritteuse und schwenken Sie sie in der BBQ-Sauce.
- Legen Sie die Hähnchenflügel wieder in den Korb der Fritteuse und garen Sie sie weitere 2 Minuten.
- Servieren und genießen.

Ernährung:

Kalorien 372

Fett 16,2 g

Kohlenhydrate 4,3g

Zucker 3,7 g

Eiweiß 49,4 g

Cholesterin 151 mg

Leckere Chicken Nuggets

Zubereitungszeit: 10 Minuten

Kochzeit: 12 Minuten

Portionen: 4

Zutaten:

1. 1 lb. Hähnchenbrust, ohne Haut, ohne Knochen und in Stücke geschnitten
2. Esslöffel Sesamsamen, geröstet
3. Eiklar
4. 1/2 Teelöffel gemahlener Ingwer
5. 1/4 Tasse Kokosnussmehl
6. 1 Teelöffel Sesamöl
7. Prise Salz

Wegbeschreibung:

- Heizen Sie die Luftfritteuse auf 400 f vor.
- Schwenken Sie das Hähnchen mit Öl und Salz in einer Schüssel, bis es gut überzogen ist.
- Kokosnussmehl und Ingwer in einen Zip-Lock-Beutel geben und schütteln, um sie zu vermischen. Hähnchen in den Beutel geben und gut schütteln, um es zu überziehen.
- Geben Sie das Eiweiß in eine große Schüssel. Hähnchen in das Eiweiß geben und schwenken, bis es gut überzogen ist.

- Geben Sie die Sesamsamen in einen großen Zip-Lock-Beutel.
- Schütteln Sie überschüssiges Ei vom Hähnchen ab und geben Sie das Hähnchen in den Sesamsamenbeutel. Schütteln Sie den Beutel, bis das Hähnchen gut mit Sesamsamen bedeckt ist.
- Sprühen Sie den Korb der Fritteuse mit Kochspray ein.
- Legen Sie das Hähnchen in den Korb der Fritteuse und garen Sie es 6 Minuten lang.
- Das Hähnchen auf die andere Seite drehen und weitere 6 Minuten garen.
- Servieren und genießen.

Ernährung:

Kalorien 265

Fett 11,5 g

Kohlenhydrate 8,6 g

Zucker 0,3 g

Eiweiß 31,1 g

Cholesterin 73 mg

Italienisch gewürzte Hähnchentender

Zubereitungszeit: 10 Minuten

Kochzeit: 10 Minuten

Portionen: 2

Zutaten:

1. Eier, leicht verquirlt
2. 1 1/2 lbs. Hähnchenteile
3. 1/2 Teelöffel Zwiebelpulver
4. 1/2 Teelöffel Knoblauchpulver
5. 1 Teelöffel Paprika
6. 1 Teelöffel italienisches Gewürz

7. Esslöffel gemahlener Leinsamen
8. 1 Tasse Mandelmehl
9. 1/2 Teelöffel Pfeffer
10. 1 Teelöffel Meersalz

Wegbeschreibung:

- Heizen Sie die Luftfritteuse auf 400 f vor.
- Hähnchen mit Pfeffer und Salz würzen.
- Verquirlen Sie die Eier in einer mittelgroßen Schüssel, um sie zu kombinieren.
- Mischen Sie in einer flachen Schale Mandelmehl, alle Gewürze und Leinsamen zusammen.
- Das Hähnchen in das Ei tauchen, dann mit der Mandelmehlmischung bestreichen und auf einen Teller legen.
- Sprühen Sie den Korb der Fritteuse mit Kochspray ein.
- Legen Sie die Hälfte der Hähnchenteile in den Korb der Heißluftfritteuse und garen Sie sie 10 Minuten lang. Nach der Hälfte der Zeit wenden.
- Garen Sie die restlichen Hähnchenteile in denselben Schritten.
- Servieren und genießen.

Ernährung:

Kalorien 315

Fett 21 g

Kohlenhydrate 12 g

Zucker 0,6 g

Eiweiß 17 g

Cholesterin 184 mg

Klassische Hähnchenflügel

Zubereitungszeit: 10 Minuten

Kochzeit: 40 Minuten

Portionen: 4

Zutaten:

1. lbs. Hähnchenflügel
2. Für Sauce:
3. 1/4 Teelöffel Tabasco
4. 1/4 Teelöffel Worcestershire-Sauce
5. Esslöffel Butter, geschmolzen
6. oz. scharfe Sauce

Wegbeschreibung:

- Sprühen Sie den Korb der Fritteuse mit Kochspray ein.
- Geben Sie die Hähnchenflugel in den Korb der Fritteuse und garen Sie sie 25 Minuten lang bei 380 F. Schütteln Sie den Korb nach jeweils 5 Minuten.
- Nach 25 Minuten die Temperatur auf 400 f drehen und weitere 10-15 Minuten garen.
- Mischen Sie in der Zwischenzeit in einer großen Schüssel alle Saucenzutaten zusammen.
- Geben Sie die gekochten Hähnchenflügel in eine Schüssel mit Soße und schwenken Sie sie gut, um sie zu überziehen.
- Servieren und genießen.

Ernährung:

Kalorien 593

Fett 34,4 g

Kohlenhydrate 1,6 g

Zucker 1,1 g

Eiweiß 66,2 g

Cholesterin 248 mg

Einfache Gewürz-Hähnchenflügel

Zubereitungszeit: 10 Minuten

Kochzeit: 30 Minuten

Portionen: 3

Zutaten:

1. 1 1/2 lbs. Hähnchenflügel
2. 1 Esslöffel Backpulver, glutenfrei
3. 1/2 Teelöffel Zwiebelpulver
4. 1/2 Teelöffel Knoblauchpulver
5. 1/2 Teelöffel geräucherter Paprika
6. 1 Esslöffel Olivenöl
7. 1/2 Teelöffel Pfeffer
8. 1/4 Teelöffel Meersalz

Wegbeschreibung:

- Hähnchenflügel und Öl in eine große Rührschüssel geben und gut durchschwenken.
- Mischen Sie die restlichen Zutaten, streuen Sie sie über die Hähnchenflügel und schwenken Sie sie zum Überziehen.
- Sprühen Sie den Korb der Fritteuse mit Kochspray ein.
- Geben Sie die Hähnchenflügel in den Frittierkorb und garen Sie sie bei 400 Grad für 15 Minuten. Gut durchschwenken.

- Hähnchenflügel auf die andere Seite drehen und weitere 15 Minuten garen.
- Servieren und genießen.

Ernährung:

Kalorien 280

Fett 19 g

Kohlenhydrate 2 g

Zucker 0 g

Eiweiß 22 g

Cholesterin 94 mg

Kräutergewürzte Putenbrust

Zubereitungszeit: 10 Minuten

Kochzeit: 35 Minuten

Portionen: 4

Zutaten:

1. Pfund. Putenbrust
2. 1 Teelöffel frischer Salbei, gehackt
3. 1 Teelöffel frischer Rosmarin, gehackt
4. 1 Teelöffel frischer Thymian, gehackt
5. Pfeffer
6. Salz

Wegbeschreibung:

- Sprühen Sie den Korb der Fritteuse mit Kochspray ein.
- Mischen Sie in einer kleinen Schüssel Salbei, Rosmarin und Thymian.
- Putenbrust mit Pfeffer und Salz würzen und mit der Kräutermischung einreiben.
- Legen Sie die Putenbrust in den Korb der Heißluftfritteuse und garen Sie sie bei 390 f für 30-35 Minuten.
- In Scheiben schneiden und servieren.

Ernährung:

Kalorien 238

Fett 3,9 g

Kohlenhydrate 10 g

Zucker 8 g

Eiweiß 38,8 g

Cholesterin 98 mg

Leckeres Rotisserie-Huhn

Zubereitungszeit: 10 Minuten

Kochzeit: 20 Minuten

Portionen: 6

Zutaten:

1. lbs. Huhn, in acht Stücke geschnitten
2. 1/4 Teelöffel Cayennepfeffer
3. 1 Teelöffel Paprika
4. Teelöffel Zwiebelpulver
5. 1 1/2 Teelöffel Knoblauchpulver
6. 1 1/2 Teelöffel getrockneter Oregano
7. 1/2 Esslöffel getrockneter Thymian
8. Pfeffer
9. Salz

Wegbeschreibung:

- Hähnchen mit Pfeffer und Salz würzen.
- Mischen Sie in einer Schüssel Gewürze und Kräuter und reiben Sie die Gewürzmischung über die Hähnchenteile.
- Sprühen Sie den Korb der Fritteuse mit Kochspray ein.
- Legen Sie das Hähnchen in den Korb der Fritteuse und garen Sie es 10 Minuten lang bei 350 Grad.

- Drehen Sie das Huhn auf die andere Seite und kochen Sie es weitere 10 Minuten oder bis die Innentemperatur des Huhns 165 Grad erreicht hat.
- Servieren und genießen.

Ernährung:

Kalorien 350

Fett 7 g

Kohlenhydrate 1,8 g

Zucker 0,5 g

Eiweiß 66 g

Cholesterin 175 mg

Scharfe asiatische Hähnchenschenkel

Zubereitungszeit: 10 Minuten

Kochzeit: 20 Minuten

Portionen: 4

Zutaten:

1. Hähnchenschenkel, mit Haut und Knochen
2. Teelöffel Ingwer, gerieben
3. 1 Limettensaft
4. Esslöffel Chili-Knoblauch-Sauce
5. 1/4 Tasse Olivenöl
6. 1/3 Tasse Sojasauce

Wegbeschreibung:

- Verquirlen Sie in einer großen Schüssel Ingwer, Limettensaft, Chili-Knoblauch-Sauce, Öl und Sojasauce.
- Hähnchen in eine Schüssel geben, gut mit der Marinade bestreichen und für 30 Minuten in den Kühlschrank stellen.
- Legen Sie das marinierte Hähnchen in den Korb der Heißluftfritteuse und garen Sie es bei 400 Grad 15-20 Minuten oder bis die Innentemperatur des Hähnchens 165 Grad erreicht hat.
- Servieren und genießen.

Ernährung:

Kalorien 403

Fett 23,5 g

Kohlenhydrate 3,2 g

Zucker 0,6 g

Eiweiß 43,7 g

Cholesterin 130 mg

Tomaten-, Auberginen- und Hähnchenspieße

Zubereitungszeit: 10 Minuten

Kochzeit: 30 Minuten

Portionen: 4

Zutaten:

1. ¼ Teelöffel Cayennepfeffer
2. ¼ Teelöffel gemahlener Kardamom
3. 1 ½ Teelöffel gemahlene Kurkuma
4. 1 Dose Kokosnussmilch
5. 1 Tasse Kirschtomaten
6. 1 mittelgroße Aubergine, in Würfel geschnitten
7. 1 Zwiebel, in Spalten geschnitten
8. 1-Zoll-Ingwer, gerieben
9. Pfund Hähnchenbrust ohne Knochen, in Würfel geschnitten
10. Esslöffel frischer Limettensaft
11. Esslöffel Tomatenmark
12. Teelöffel Limettenschale
13. Knoblauchzehen, gehackt
14. Salz und Pfeffer nach Geschmack

Wegbeschreibung:

- Geben Sie Knoblauch, Ingwer, Kokosmilch, Limettenschale, Limettensaft, Tomatenmark, Salz, Pfeffer, Kurkuma, Cayennepfeffer, Kardamom und die Hähnchenbrüste in eine Schüssel. Lassen Sie das Ganze mindestens 2 Stunden im Kühlschrank marinieren.
- Heizen Sie die Heißluftfritteuse auf 3900F vor.
- Setzen Sie das Grillpfannenzubehör in die Heißluftfritteuse ein.
- Spießen Sie die Hähnchenwürfel mit Auberginen, Zwiebeln und Kirschtomaten auf Bambusspieße auf.
- Legen Sie das Hähnchen auf die Grillpfanne und garen Sie es 25 Minuten lang. Achten Sie darauf, das Hähnchen alle 5 Minuten zu wenden, damit es gleichmäßig gart.

Ernährung:

Kalorien:485

Kohlenhydrate:19,7 g

Eiweiß: 55,2g

Fett: 20.6g

Teriyaki glasiertes Huhn Auflauf

Zubereitungszeit: 10 Minuten

Kochzeit: 30 Minuten

Portionen: 2

Zutaten:

1. Esslöffel Apfelessig
2. Hähnchenschenkel ohne Haut
3. 1-1/2 Teelöffel Speisestärke
4. 1-1/2 Teelöffel kaltes Wasser
5. 1/2 Knoblauchzehe, gehackt
6. 1/4 Tasse weißer Zucker
7. 1/4 Tasse Sojasauce
8. 1/4 Teelöffel gemahlener Ingwer

9 1/8 Teelöffel gemahlener schwarzer Pfeffer

Wegbeschreibung:

- Fetten Sie die Backform der Heißluftfritteuse leicht mit Kochspray ein. Fügen Sie alle Zutaten hinzu und schwenken Sie sie gut, um sie zu beschichten. Verteilen Sie das Hähnchen in einer einzigen Schicht auf dem Boden der Pfanne.
- 15 Minuten lang auf 3900F kochen.
- Das Hähnchen wenden und dabei gut mit der Sauce bepinseln und bedecken.
- Kochen Sie 15 Minuten lang bei 3300F.
- Servieren und genießen.

Ernährung:

Kalorien:267

Kohlenhydrate: 19.9g

Eiweiß: 24.7g

Fett: 9.8g

Sriracha-Ingwer-Hühnchen

Zubereitungszeit: 10 Minuten

Kochzeit: 35 Minuten

Portionen: 3

Zutaten:

1. ¼ Tasse Fischsauce
2. ¼ Tasse Sriracha
3. ½ Tasse hellbrauner Zucker
4. ½ Tasse Reisessig
5. 1 ½ Pfund Hühnerbrüste, zerstampft
6. 1/3 Tasse scharfe Chilipaste
7. Teelöffel geriebenen und geschälten Ingwer

Wegbeschreibung:

- Geben Sie alle Zutaten in einen Ziploc-Beutel und lassen Sie sie für mindestens 2 Stunden im Kühlschrank marinieren.
- Heizen Sie die Heißluftfritteuse auf 3900F vor.
- Setzen Sie das Grillpfannenzubehör in die Heißluftfritteuse ein.
- Grillen Sie das Hähnchen 25 Minuten lang.
- Wenden Sie das Hähnchen alle 10 Minuten, um es gleichmäßig zu grillen.

- In der Zwischenzeit die Marinade in einen Topf geben und auf mittlerer Flamme erhitzen, bis die Sauce eindickt.
- Bestreichen Sie das Hähnchen vor dem Servieren mit der Sriracha-Glasur.

Ernährung:

Kalorien: 415

Kohlenhydrate: 5.4g

Eiweiß: 49,3g

Fett: 21.8g

Nackter Käse, Hähnchen-Füllung 'n Grüne Bohnen

Zubereitungszeit: 10 Minuten

Kochzeit: 20 Minuten

Portionen: 3

Zutaten:

1. 1 Tasse gekochtes, gewürfeltes Hähnchenbrustfleisch
2. 1/2 (10,75 Unzen) Dose kondensierte Hühnercremesuppe
3. 1/2 (14,5 Unzen) Dose grüne Bohnen, abgetropft
4. 1/2 Tasse geschredderter Cheddar-Käse
5. 6 Unzen ungewürzte trockene Brotfüllungsmischung
6. Salz und Pfeffer nach Geschmack

Wegbeschreibung:

- Mischen Sie Pfeffer, Salz, Suppe und Huhn in einer mittelgroßen Schüssel gut durch.
- Bereiten Sie die Füllung gemäß der Packungsanleitung zu.
- Fetten Sie die Backform der Heißluftfritteuse leicht mit Kochspray ein. Verteilen Sie die Hähnchenmischung gleichmäßig auf dem Boden der Pfanne. Gleichmäßig mit der Füllung bedecken. Käse darüber streuen.
- Pfanne mit Folie abdecken.
- 15 Minuten lang auf 390oF kochen.
- Entfernen Sie die Folie und kochen Sie 5 Minuten bei 390oF, bis die Oberseiten leicht gebräunt sind.
- Servieren und genießen.

Ernährung:

Kalorien: 418

Kohlenhydrate: 48.8g

Eiweiß: 27,1g

Fett: 12.7g

Gegrilltes Hühnerpesto

Zubereitungszeit: 10 Minuten

Kochzeit: 30 Minuten

Portionen: 8

Zutaten:

1. 1 ¾ Tasse handelsübliches Pesto
2. Hähnchenschenkel
3. Salz und Pfeffer nach Geschmack

Wegbeschreibung:

- Geben Sie alle Zutaten in den Ziploc-Beutel und lassen Sie sie für mindestens 2 Stunden im Kühlschrank marinieren.
- Heizen Sie die Heißluftfritteuse auf 3900F vor.
- Setzen Sie das Grillpfannenzubehör in die Heißluftfritteuse ein.
- Grillen Sie das Hähnchen mindestens 30 Minuten lang.
- Achten Sie darauf, das Hähnchen alle 10 Minuten zu wenden, um es gleichmäßig zu grillen.

Ernährung:

Kalorien: 477

Kohlenhydrate: 3.8g

Eiweiß: 32.6g

Fett: 36.8g

Gesunder Truthahn-Schäferkuchen

Zubereitungszeit: 10 Minuten

Kochzeit: 50 Minuten

Portionen: 2

Zutaten:

1. 1 Esslöffel Butter, Raumtemperatur
2. 1/2 Knoblauchzehe, gehackt
3. 1/2 große Karotte, geraspelt
4. 1/2 Zwiebel, gehackt
5. 1/2 Teelöffel Hühnerbouillonpulver
6. 1/2 Pfund gemahlener Truthahn
7. 1/8 Teelöffel getrockneter Thymian
8. 1-1/2 große Kartoffeln, geschält
9. 1-1/2 Teelöffel Allzweckmehl
10. 1-1/2 Teelöffel gehackte frische Petersilie
11. 1-1/2 Teelöffel Olivenöl
12. Esslöffel warme Milch
13. 4,5-Unzen-Dose geschnittene Champignons
14. gemahlener schwarzer Pfeffer zum Abschmecken
15. Salz nach Geschmack

Wegbeschreibung:

1. Kochen Sie die Kartoffeln, bis sie weich sind. Abgießen und in eine Schüssel geben. Mit Milch und Butter pürieren, bis sie cremig sind. Beiseite stellen.

2. Fetten Sie die Backform der Fritteuse leicht mit Olivenöl ein. Zwiebel hinzufügen und 5 Minuten lang auf 360oF kochen. Hühnerbrühe, Knoblauch, Thymian, Petersilie, Pilze, Karotten und Putenhackfleisch hinzugeben. 10 Minuten lang kochen, dabei umrühren und nach der Hälfte der Garzeit zerbröseln.
3. Mit Pfeffer und Salz würzen. Mehl einrühren und gut mischen. 2 Minuten kochen.
4. Truthahnmischung gleichmäßig verteilen. Gleichmäßig mit Kartoffelpüree bedecken.
5. 20 Minuten kochen oder bis die Kartoffeln leicht gebräunt sind.
6. Servieren und genießen.

Ernährung:

Kalorien: 342

Kohlenhydrate: 38,0g

Eiweiß: 18,3g

Fett: 12.9g

Hähnchenfilet-Streifen

Zubereitungszeit: 10 Minuten

Kochzeit: 11 Minuten

Portionen: 4

Zutaten:

- 1 lb. Hühnerfilets
- 1 Teelöffel Paprika
- 1 Esslöffel Schlagsahne
- .5 Teelöffel Schwarzer Pfeffer
- Butter (nach Bedarf)

Wegbeschreibung:

- Erhitzen Sie die Heißluftfritteuse auf 365° Fahrenheit.
- Schneiden Sie die Filets in Streifen und bestäuben Sie sie mit Salz und Pfeffer.
- Geben Sie eine leichte Schicht Butter in den Korb.
- Legen Sie die Streifen in den Korb und braten Sie sie sechs Minuten lang an der Luft.
- Wenden Sie die Streifen und braten Sie sie weitere fünf Minuten.
- Wenn es fertig ist, mit der Sahne und Paprika garnieren. Warm servieren.

Ernährung:

Kalorien: 162 kcal

Eiweiß: 24,85 g

Fett: 6,05 g

Kohlenhydrate: 0.65 g

30-Tage-Mahlzeitenplan

Tag	Frühstück	Mittagessen/Abendessen	Dessert
1	Krabbenbratpfanne	Spinat-Röllchen	Matcha-Krepp-Torte
2	Kokosnuss-Joghurt mit Chia-Samen	Ziegenkäse Fold-Overs	Kürbis Gewürze Mini Pies
3	Chia-Pudding	Krepptorte	Nuss-Riegel
4	Ei-Fett-Bomben	Kokosnuss-Suppe	Pfundskuchen
5	Morgen "Grits"	Fisch Tacos	Tortilla-Chips mit Zimt Rezept
6	Scotch-Eier	Cobb-Salat	Granola Joghurt mit Beeren
7	Speck Sandwich	Käsesuppe	Beeren-Sorbet
8	Noatmeal	Thunfisch-Tartar	Kokosnuss-Beeren-Smoothie
9	Frühstücksauflauf mit Fleisch	Clam Chowder	Kokosnuss-Milch-Bananen-Smoothie
10	Frühstücks-Bagel	Asiatischer Rindfleischsalat	Mango-Ananas-Smoothie
11	Ei und Gemüse Hash	Keto Carbonara	Himbeere Grüner Smoothie
12	Cowboy Bratpfanne	Blumenkohlsuppe mit Saaten	Beladener Beeren-Smoothie
13	Feta-Quiche	In Prosciutto eingewickelter Spargel	Papaya Banane und Grünkohl Smoothie
14	Speck Pfannkuchen	Gefüllte Paprikaschoten	Grüner Orangen-Smoothie
15	Waffeln	Gefüllte Auberginen mit Ziegenkäse	Double Berries Smoothie
16	Schoko-Shake	Korma Curry	Energizing Protein Bars

17	Eier in Portobello-Pilzhüten	Zucchini-Riegel	Süße und nussige Brownies
18	Matcha-Fettbomben	Pilzsuppe	Keto Macho Nachos
19	Keto Smoothie Schüssel	Gefüllte Portobello-Pilze	Erdnussbutter-Schoko-Bananen-Gelato mit Minze
20	Lachs-Omelette	Kopfsalat	Zimt Pfirsiche und Joghurt
21	Hash Brown	Zwiebelsuppe	Birne-Minze-Honig-Eis am Stiel
22	Schwarzer Knaller-Auflauf	Spargelsalat	Orange und Pfirsiche Smoothie
23	Speck Tassen	Blumenkohl Tabbouleh	Kokosnuss-Gewürz-Apfel-Smoothie
24	Spinat-Eier und Käse	Rindfleisch Salpicao	Süßer und nussiger Smoothie
25	Taco Wraps	Gefüllte Artischocke	Ingwer-Beeren-Smoothie
26	Kaffee Donuts	Spinat-Röllchen	Vegetarierfreundlicher Smoothie
27	Ei gebackenes Omelett	Ziegenkäse Fold-Overs	ChocNut Smoothie
28	Ranch-Risotto	Krepptorte	Kokos-Erdbeer-Smoothie
29	Scotch-Eier	Kokosnuss-Suppe	Ei Spinat Beeren Smoothie
30	Spiegeleier	Fisch Tacos	Cremiger Dessert-Smoothie

Fazit

Danke, dass Sie es bis zum Ende dieses Buches geschafft haben. Eine Luftfritteuse ist eine relativ neue Ergänzung in der Küche, und es ist leicht zu sehen, warum die Leute begeistert sind, sie zu benutzen. Mit einer Luftfritteuse können Sie in Minutenschnelle knusprige Pommes frites, Chicken Wings, Hähnchenbrüste und Steaks zubereiten. Es gibt viele leckere Gerichte, die Sie zubereiten können, ohne Öl oder Fett zu verwenden. Achten Sie auch hier darauf, die Anleitung Ihrer Luftfritteuse zu lesen und die Regeln für die richtige Verwendung und Wartung zu befolgen. Sobald Ihre Luftfritteuse in gutem Zustand ist, können Sie wirklich kreativ werden und anfangen, Ihren Weg zu gesundem Essen, das großartig schmeckt, zu experimentieren.

Das war's! Herzlichen Dank!

CPSIA information can be obtained
at www.ICGtesting.com
Printed in the USA
BVHW050830120421
604730BV00011B/247

9 781801 751148